Y Carnifal!

I gyd-fynd â Taith Iaith 1

Gwawr Maelor

Cyhoeddwyd gan **Y Ganolfan Astudiaethau Addysg**, Aberystwyth gyda
chymorth ariannol Awdurdod Cymwysterau, Cwricwlwm ac Asesu Cymru.
Gwefan: www.caa.aber.ac.uk

ISBN: 1 84521 016 6
ISBN: 1 84521 018 2 (set)

Golygwyd gan Fflur Pughe a Non ap Emlyn
Dyluniwyd gan Richard Huw Pritchard

Diolch i Aled Loader, Luned Ainsley, Ann Lewis, Angharad Evans,
Gwenan Nicholas a Dafydd Roberts am eu harweiniad gwerthfawr.

Argraffwyr: Gwasg Gomer

Cydnabyddiaethau
Mae'r cyhoeddwyr yn ddiolchgar i'r canlynol am ganiatâd i atgynhyrchu
deunyddiau:

Ieuan Roberts, Gŵyl y Felinheli	tud. 3, 7
Getty Images	tud. 4, 9, 10, 11, 15, 16, 17, 18, 19
Keith Morris	tud. 4, 6, 13
Richard Huw Pritchard	tud. 5, 6, 7, 8, 9, 10, 11, 12, 14, 17, 19

Gwnaethpwyd pob ymdrech i olrhain a chydnabod deiliaid hawlfraint. Bydd y
cyhoeddwyr yn falch o wneud trefniadau addas gydag unrhyw ddeiliaid na
lwyddwyd i gysylltu â nhw.

Y carnifal

Wyt ti'n mwynhau mynd i'r carnifal?

Beth sy mewn carnifal?

parêd

fflôts

band

pobl mewn gwisgoedd gwahanol

pobl yn bwyta

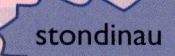
stondinau

pobl yn dawnsio

pobl yn mwynhau

clowns

Mewn carnifal, mae pobl yn hoffi gwisgo gwisgoedd arbennig.

Carnifalau ar draws y byd

Mae carnifalau ar draws y byd!

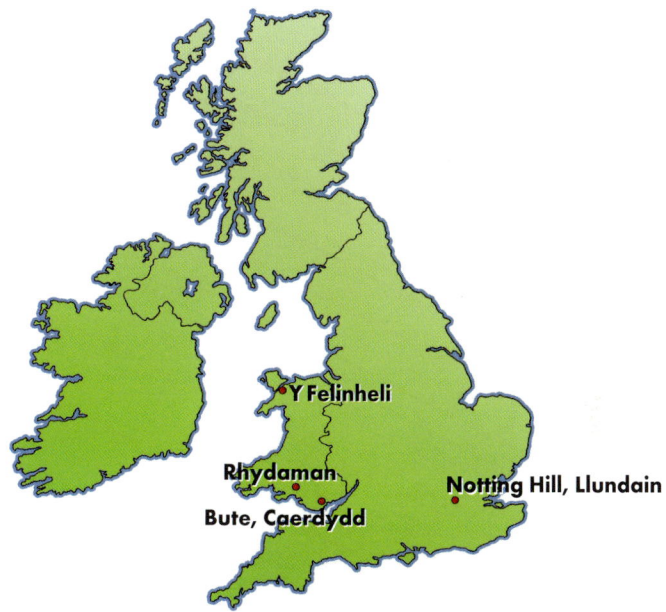

Y Felinheli

Rhydaman

Bute, Caerdydd

Notting Hill, Llundain

Carnaval de Quebec

Carnafali Groeg

Carnaval Trinidad

Carnaval
Rio de Janeiro

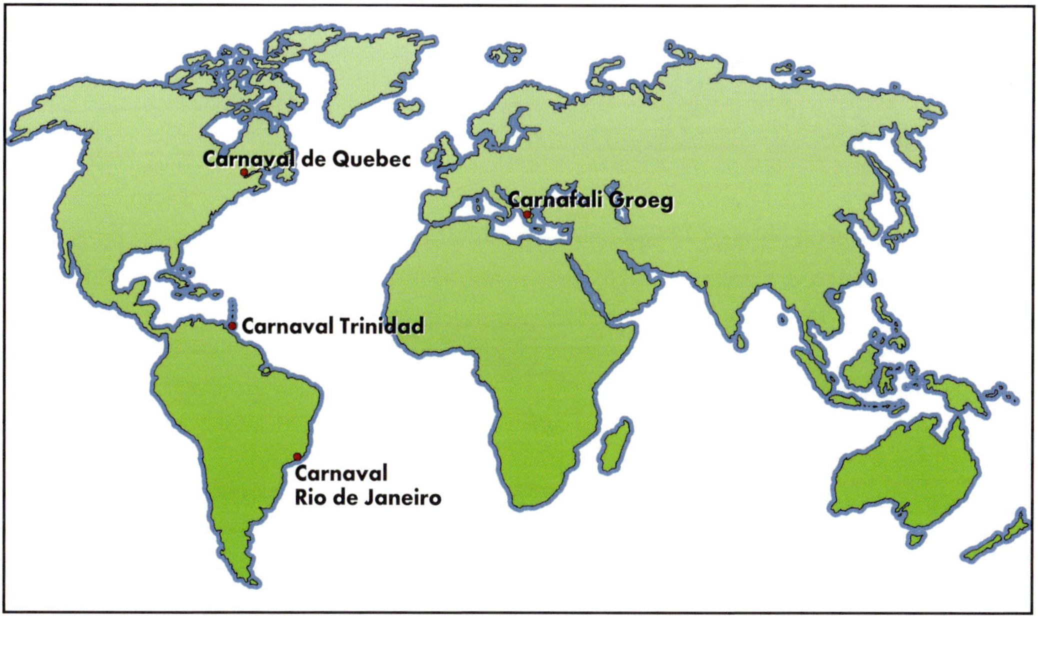

Rhai o garnifalau Cymru

Carnifal Bute

Dyma garnifal Bute, Caerdydd.

Mae'r carnifal ym mis Gorffennaf.

Mae pobl yn gwisgo gwisgoedd hyfryd.

Mae pobl yn gwisgo mygydau.

Mae pypedau mawr yn cerdded yn y parêd.

Mae llawer o gerddoriaeth.

Ar ôl cerdded drwy'r strydoedd, mae adloniant – cerddoriaeth a dawnsio!

drymiau dur

y samba

drymio stryd Punjabi ac Affricanaidd

Carnifal Y Felinheli

Dyma Garnifal Y Felinheli ym mis Gorffennaf.

Bechgyn yn dawnsio drwy'r pentref!

Merched y pentref mewn gwisgoedd smart!

Plant bach mewn gwisg ffansi ar y fflôt!

Carnifal Rhydaman

Weithiau, mae carnifal yn y gaeaf.
Dyma garnifal Rhydaman ym mis Rhagfyr 2004.

Yn y carnifal roedd

tân gwyllt

ffair

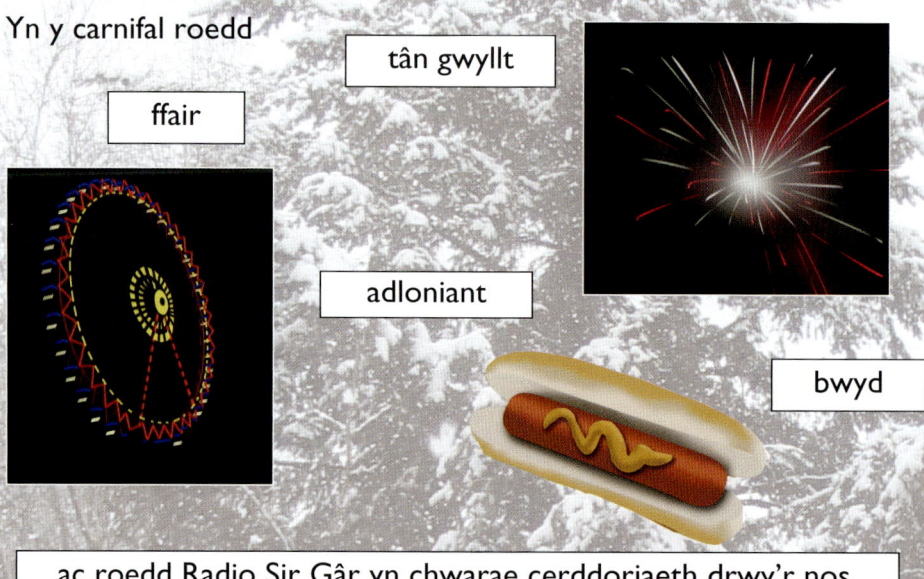

adloniant

bwyd

ac roedd Radio Sir Gâr yn chwarae cerddoriaeth drwy'r nos.

Pwy oedd yno?

Band Arian Tref Rhydaman

Siôn Corn

chwaraewyr Sgarlets Llanelli

maer y dref

Carnaval de Quebec

Yng Nghanada, mae carnifal gaeaf arbennig iawn.

Dyma garnifal gaeaf Quebec.

Mae'r carnifal yma'n wahanol i garnifalau yng Nghymru.
Oes, mae yna fflôts . . . clowns . . . a band.

Ond hefyd mae . . .

parêd yn y nos

bath eira

pysgota yn y rhew

sglefrio

mynd ar reid mewn sled

rasys sled ci

ras canŵs ar afon St Lawrence

cystadleuaeth dalent – i gŵn!

a mwy!

Carnaval de Quebec

o ddiwedd Ionawr tan ganol Chwefror

Dewch i weld
pobl yn cael bath yn yr eira oer
(brrrrrrrrr, mae hi'n oer!)

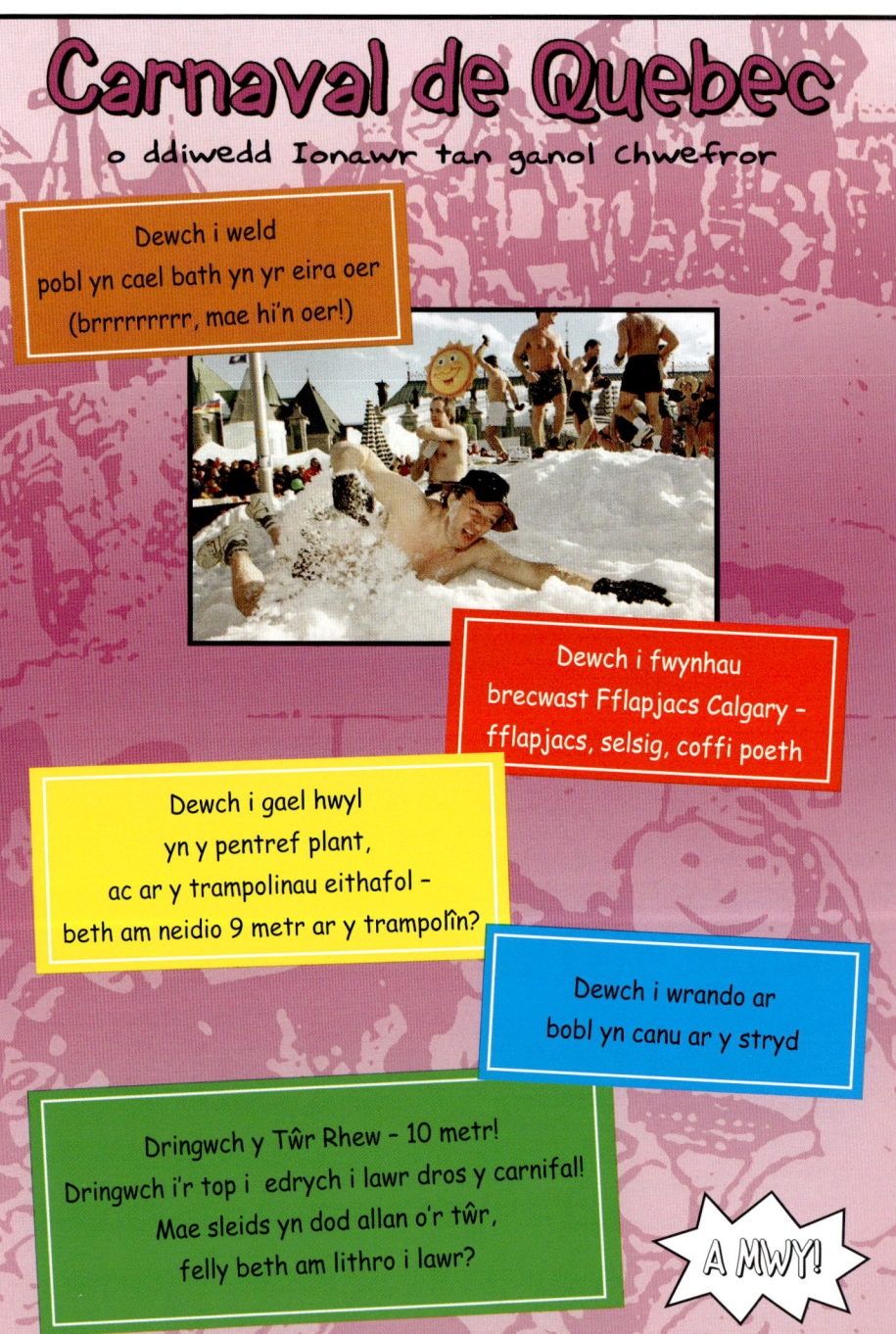

Dewch i fwynhau
brecwast Fflapjacs Calgary –
fflapjacs, selsig, coffi poeth

Dewch i gael hwyl
yn y pentref plant,
ac ar y trampolinau eithafol –
beth am neidio 9 metr ar y trampolîn?

Dewch i wrando ar
bobl yn canu ar y stryd

Dringwch y Tŵr Rhew – 10 metr!
Dringwch i'r top i edrych i lawr dros y carnifal!
Mae sleids yn dod allan o'r tŵr,
felly beth am lithro i lawr?

A MWY!

Carnaval Trinidad

Mae'r carnifal yma cyn y Grawys bob blwyddyn.

Mae pobl yn dechrau paratoi at y carnifal ar ôl y Nadolig.
Mae'r partïon yn dechrau ar ôl y Nadolig hefyd.

Yna, ar y dydd Llun a'r dydd Mawrth cyn Dydd Mercher Lludw, mae miloedd o bobl yn cerdded ac yn dawnsio mewn parêds yn y carnifal.

Cerddoriaeth

Mae cystadlaethau cerddoriaeth yn y carnifal bob blwyddyn.

Pa fath o gerddoriaeth?

• Soca

• Calypso

• Ragga Soca (Soca + Reggae + Hip Hop)

• Hip Hop

• Rm2

• Bandiau Dur!

Wyddoch chi . . . ?

Y drwm dur ydy offeryn cerdd cenedlaethol Trinidad.

Mewn carnifalau yn Trinidad, roedd pobl yn taro biniau sbwriel, tuniau paent, tuniau bisgedi a photiau pî-pî fel cerddoriaeth.

Gwnaeth Winston Spree Simon y 'drwm dur' cyntaf. Roedd hi'n bosibl canu gwahanol nodau ar y drwm yma.

Mae cystadlaethau bandiau dur yn y carnifal yn Trinidad ac mewn carnifalau ar draws y byd!

Carnafali Groeg

Mae carnafali Groeg ymlaen am dair wythnos!
Maen nhw'n cael parti a pharti a pharti . . .

Rhaid . . .

cael thema fel clowns, dawnswyr, sêr pop

gwisgo mwgwd

addurno'r tŷ neu'r ysgol neu'r neuadd

chwythu hwter mewn parti carnifal

taflu conffeti mewn parti carnifal

chwythu rubanau papur o'ch ceg ar draws yr ystafell

Bwyd

Mae pobl yn bwyta bara arbennig y carnafali.
Maen nhw'n bwyta

bara arbennig (*lagana*)

grawn pysgod (*tarama*)

bwyd blasus o hadau *sesame* (*halva*)

Taflu blawd

Yn Galacsiddi, mae pobl yn gwneud rhywbeth arbennig mewn parti carnifal.

Maen nhw'n taflu blawd (*alefromountsomata*) at ei gilydd.

Pam?

I fod yn lân!

Carnaval Rio de Janeiro

Dyma garnifal Rio de Janeiro – carnifal mwyaf y byd.

Mae'r carnifal yma cyn y Grawys hefyd – saith wythnos cyn y Pasg. Mae e'n dechrau ar ddydd Sadwrn ac yn gorffen ar ddydd Mawrth Mardi Gras – y dydd Mawrth cyn dydd Mercher Lludw.
Mae'r carnifal yn para am 24 awr bob dydd.

Beth sy'n digwydd?

partïon

parêds

dawnsio

gwisgo gwisgoedd arbennig

cerddoriaeth – drymiau, tamborîns, canu

parêd y samba

Parêd y Samba – cystadleuaeth

Mae parêd y samba yn digwydd dros 2 noson.
Mae e'n barêd pwysig ac mae pobl yn gallu gwylio'r parêd ar y teledu hefyd.

Mae'r parêd yn dechrau am 9 o'r gloch ac mae e'n gorffen tua 6 – 7 o'r gloch y bore wedyn.

Drwy'r flwyddyn, mae 'ysgolion samba' yn paratoi gwisgoedd, fflôts a dawnsfeydd – yn arbennig ar gyfer y parêd.

Ysgol samba – na, nid ysgol lle mae pobl yn dysgu, ond grŵp o bobl yn cyfarfod i baratoi ar gyfer parêd y samba.

Parêd y Samba

2 noson:
Mae parêd y samba ar y nos Sul a'r nos Lun.

20 awr:
Mae tua dau ddeg awr o gystadlu.

14 ysgol:
Mae saith ysgol samba yn cystadlu ar y nos Sul a saith arall ar y nos Lun.

60-75 munud:
Mae pob ysgol samba yn perfformio am tua chwe deg i saith deg pump o funudau. Maen nhw'n dewis thema, ac mae'r gwisgoedd, y caneuon a'r fflôts yn gweddu i'r thema.

6-8 fflôt:
Mae pob ysgol samba yn paratoi rhwng chwech ac wyth fflôt.

3,000-5,000 o bobl:
Mae rhwng tair a phum mil o bobl yn perfformio mewn un ysgol samba.

Carnifal Notting Hill, Llundain

Mae'r carnifal yma yn Llundain, bob mis Awst.
Mae e'n digwydd dros dri diwrnod:

Dydd Sadwrn: y Panorama, cystadlaethau chwarae
offerynnau dur
Dydd Sul: carnifal y plant a'r bobl ifanc
Dydd Llun: y prif garnifal

Beth sy'n digwydd?

Mae pobl yn gwisgo gwisgoedd lliwgar

Mae fflôts lliwgar yn mynd drwy'r strydoedd

Mae stondinau arbennig

Mae cerddoriaeth, e.e.
calypso
soca
hip hop
house
salsa
drymio Affricanaidd
bandiau dur
perfformiadau byw ar lwyfan

Mae'r gwylwyr yn cael chwiban – i chwibanu ar eu hoff fflôts

Mae'r bandiau'n gwisgo gwisgoedd arbennig.

Mae pobl yn dawnsio ac yn mwynhau

Mae bwyd o bob rhan o'r byd

OS YDYCH CHI'N MYND I GARNIFAL ELENI . . .

MWYNHEWCH!